1학년 완벽 적응 프로젝트 1_생활

"꼼지락" 1학년, 스스로 할 거야!

김원아 글 • 간장 그림

필통 물통 우체통

사□계절

• 생활 편

자주에 대하여

★ 자주 : 자기 일을
스스로 처리함.

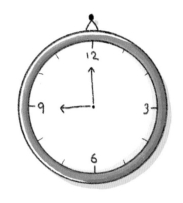

차례

1학년 1반

꼼지락 친구들

김봉주

♡ 좋아하는 것: 쉬는 시간

✕ 싫어하는 것: 받아쓰기

☆ 잘하는 것: 친구 사귀기

오수재

♡ 좋아하는 것: 일등, 시험

✕ 싫어하는 것: 채소

☆ 잘하는 것: 발표

방두진

♡ 좋아하는 것: 달리기

× 싫어하는 것: 청소

☆ 잘하는 것: 축구

차민송

♡ 좋아하는 것: 공부 시간

× 싫어하는 것: 모둠 활동

☆ 잘하는 것: 규칙 지키기

내일 학교에 간다.

설렌다. 잠이 안 온다.

유치원보다 재미있으면 좋겠다.

1.
교실 바닥
지렁이

교실 바닥에 눕고 싶다.

마음껏 뒹굴다가 자고 싶다.

좀 누우면 안 되나?

발이 실내화에 갇혔다. 교실에서는 실내화를
신는다. 왜 신는지 모르겠다.

유치원에서는 신발을 벗었다. 양말만 신어서
편했다. 바닥에 앉아서 놀았다. 눕기도 했다.

실내화가 신발 같아서 답답했다. 교실 바닥에
벌러덩 누웠다. 눈을 감았다. 이대로 자고 싶었다.

그때 누가 물었다.

"뭐 해?"

못 들은 척했다. 눈 뜨기 싫었다.
목소리가 한 번 더 말을 걸었다.

일어나.

"누워서 뭐 하냐고?"

"자는데."

나는 눈을 안 뜨고

대답했다.

"누우면 안 돼."

"선생님도 없잖아."

"그래도 안 돼."

왜 안 되지? 모르겠다. 그런데 당당하진

않았다. 눈을 떴다. 누가 말하고 있는지

궁금했다.

동그란 안경을 쓴 얼굴이 내 앞에

서 있었다.

"누워 있으면 밟힐 수 있어."

"아무도 안 밟는데?"

"다들 널 피해 다니는 거야. 비 오는 날 지렁이 피해
다니는 것처럼."

"밟을까 봐?"

"응."

다행이다. 다치진 않을 것 같다.

"그럼 됐네."

"너 때문에 우리가 불편하잖아."

상관없었다. 눈을 감았다.

그런데 동그란 안경 친구가

다시 말을 걸었다.

"누우면 안 되는 이유가 하나 더 있어."

"또 뭔데?"

"바닥이 더럽잖아."

나는 보란 듯 팔다리로 바닥을 싹싹 문질렀다.

"깨끗한데?"

그때 내 짝 차민송이 뒷문으로 들어왔다. 차민송이

재빠르게 다가와서 내 얼굴에 물을 퐁당 튀겼다. 아까

내가 했는데 똑같이 당해 버렸다.

동그란 안경 친구가 차민송에게 말했다.

"너 화장실 갔다 왔지?"

"응."

"봐, 누우면 안 되는 이유가 바로 이거지."

동그란 안경 친구가 마치 대단한 발견을 한 것처럼
눈을 반짝였다.

"차민송이랑 눕는 거랑 무슨 상관이야?"

"차민송이 지금 화장실에 다녀왔잖아."

"응."

"화장실에 갈 때 실내화를 그대로 신고 가잖아."

"그래서?"

"그 실내화로 교실에도 들어오잖아."

나는 차민송의 발을 보았다. 실내화가 교실을
밟으니까 바닥에 물 자국이 생겼다. 윽, 화장실
물이다.

동그란 안경 친구가 팔짱을 끼며 자신 있게 말했다.

"그러니까 넌 지금 화장실 바닥에 누워 있는 거야."

나도 모르게 벌떡 일어났다. 손을 탁탁 털고 발도
굴렀다. 그래도 찝찝했다.

동그란 안경 친구가 통쾌하다는 듯 웃었다.

"아까는 깨끗하다며. 내 말이 맞지?"

네 말이 맞는데 기분이 나빴다. 누군지 궁금했다.

"너 이름이 뭐야?"

"오수재."

"재수?"

"아니, 수재. 똑똑한 사람이란 뜻이지."

오수재가 안경을 쓱 올렸다.

"수재…… 재수? 오, 재수?"

"야!"

오수재가 화를 냈다. 선생님이 교실에 들어오자
쪼르르 일러바쳤다. 선생님이 나한테 이름으로
놀리지 말라고 했다.

다음에는 다른 거로 놀릴 거다.

○○○○년 △월 ☆일	☀ ☁ ≋ 🌧 ⛄

제목 : 교실에서 눕지 말자

교실에서는 누우면 안 된다.

다른 친구에게 방해가 되고, 밟힐 수도 있다.

바닥도 더럽다. 실내화를 화장실에서도 신으니까.

학교에서는 눕지 말라고 실내화를 신나 보다.

2.
매일매일
쓰리 통

매일 학교에 가는 쓰리 통.

쓰리 통이 뭐냐고?

O통, O통, OO통!

"우유 신청서 내세요."

선생님이 말했다. 가방을 열었다. 우체통이 없었다. 분명히 있었는데 이상하다.

옆에서 차민송이 물었다.

"넌 왜 자꾸 우체통을 안 가져와?"

"도망갔어. 발이 달렸나?"

"우체통에 발이 어딨어?"

차민송이 깔깔 웃었다. 그건 차민송이 몰라서 하는 소리다. 내 물건에는 모두 발이 달려 있다. 틈만 나면 도망을 다닌다.

뒤에서 오수재가 쓱 머리를 내밀었다.

"학생이 쓰리 통을 잊으면 안 되지."

또 참견이다. 그런데 쓰리 통이 뭔지 궁금했다.

"쓰리…… 통?"

"쓰리(three). 세 개의 통. 필통,

물통, 우체통. 꼭 들고

다녀야 해."

우체통은
꼭 필요한 거
아니잖아?

어이!

우유 신청서

우체통

오수재가 쓰리(three) 할 때 발음이 느끼했다.

웃다가 문득 궁금했다. 모두 가방에 있을까?

솔직히 필통은 없어도 된다. 연필이랑 지우개는

빌리면 된다.

물통은 없으면 안 된다. 물은 아무도 안 빌려준다.

나도 남이 입을 댄 물은 마시기 싫다.

휴우, 다행히 둘 다 있었다. 우체통은 물통에

비하면 덜 중요하지. 오늘 없으면 내일 가져오면 된다.

그런데 우유 신청서를 나만 안 냈다. 갑자기 목이 말랐다. 물통을 꺼내서 꿀꺽꿀꺽 마셨다. 목이 시원해졌다. 역시 물통이 제일 중요하다.

옆에서 차민송이 자기 우체통을 흔들었다.

"난 성실한 우체부야."

"우체부?"

"매일 집이랑 학교를 오가며 우체통을 배달하니까. 선생님이 준 안내장을 엄마한테 나르고, 엄마가 준 걸 또 선생님한테 전하는 거지."

"나도 성실한 우체부야."

오수재도 질세라 으스댔다. 하지만 난 아무렇지도 않았다. 우체통이 뭐 별거라고.

"엄마한테 보여 주긴 했어?"

차민송이 물었다. 안 보여 줬다. 책상 위에 올려

두기만 했다.

"오늘 보여 줄 거야."

"나처럼 착착 보여 주고 바로 가져오면 더 좋지."

"왜? 내일도 모레도 있잖아."

"엄마도 학교가 궁금하잖아."

나는 어깨를 으쓱했다.

"오늘 놓친 걸 내일은 잘 기억할까?"

차민송이 슬며시 웃으며 약을 올렸다. 그러고는
조심스레 다가와서 귓속말을 했다.

"빨리 가져와야 선생님도 좋아해."

"왜?"

"너 같으면 편지를 보냈는데 답이 없으면 좋겠니?"

"아니."

"답이 늦으면 좋겠어? 빨리 오면 좋지?"

"응."

"그런 거지."

차민송이 고개를 끄덕끄덕했다. 역시 자기 말이 옳았다는 듯 당당한 태도를 보였다.

그러고 보니 선생님은 뭘 가져가면 늘 "고마워!"

우체통 안 챙겼어?

한다. 선생님이 웃으면 기분이 좋다. 뭔가 큰일을
해낸 느낌이 든다.

그런데 오늘은 나한테 고맙다고 안 했다. 내일 꼭
가져오라고만 했다. 덜컥 걱정이 되었다.

"선생님이 우체통을 기다릴까?"

"당연하지."

차민송이 진지하게 대답했다.

나는 선생님이 좋다. 그래서 선생님한테 갔다.

"선생님, 내일은 우체통 꼭 가져올게요."

"그래, 봉주야. 준비물을 잘 챙기면 좋지."

선생님이 생긋 웃었다. 선생님의 눈이 반달이
되었다. 그래도 "고마워!" 할 때보다는 덜 웃은 것
같기도 하고. 내일은 우체통을 꼭 가져와야겠다.

○○○○년 △월 ☆일	☼ ☁ ⩶ ☷ ☃

제목 : 준비물을 잘 챙기자

우체통은 학교와 집을 연결한다.

선생님이 준비물이랑 숙제만 잘 챙겨도

훌륭한 학생이라고 했다.

앞으로 쓰리 통을 잘 챙겨야겠다.

3.
도망가는
물건

내 물건에는 발이 달렸다.

심심하면 발을 쏙 빼고 도망 다닌다.

그래, 도망가 봐라.

다시 잡는 방법이 있으니까. 후훗.

오수재가 내 연필이 자기 거라고 우겼다.

"여기 찌그러진 거 보이지? 내 거야."

"아니야, 내 연필도 찌그러졌어."

"이 자국 안 보여? 내가 어제 씹었단 말이야."

오수재가 "이" 하고 앞니를 보여 줬다. 연필에 이
모양이 있기는 했다.

"연필에 왼쪽 앞니가 없잖아. 얼마 전에 이를
뺐거든."

오수재가 입을 더 크게 벌렸다. 그래서 나도 힘껏
입을 벌려 앞니를 보여 줬다.

"나도 뺐거든."

"보자."

오수재가 내 입속을 탐정처럼 꼼꼼히 봤다. 연필을
내 이에 갖다 대기도 했다. 그러더니 가슴을 팡팡 쳤다.

"아, 내 건데!"

사실 연필 하나쯤은 없어도 된다. 나한테는 새
연필이 많다. 그런데 오수재가 우기니까 갑자기
소중한 연필이 되었다. 주기 싫었다.

잠시 생각했다.

'내 연필이랑 똑같은데, 내 연필 맞겠지?'

연필을 슬쩍 굴려 이 자국을 살폈다. 하필 둘 다
앞니를 빼서 문제다.

"선생님, 봉주가 연필 안 줘요!"

오수재는 일러바치기 선수다. 또 선생님을
불러왔다. 선생님이 연필을 살피고 우리 앞니도
번갈아 보았다.

"이 연필 봉주 거야?"

"네."

그랬더니 선생님이 웃으며 오수재에게 새 연필 하나를 줬다. 오수재는 금방 즐거워졌다.

다음 시간에 선생님이 물건에 이름을 쓰자고 했다. 교실에는 비슷한 물건이 많아서 이름을 써야 주인을 찾을 수 있단다.

이름을 쓰는 건 귀찮다. 하지만 연필을 잃어버릴 때마다 입을 벌릴 수는 없다. 그래서 나도 이름을 열심히 쓰기로 했다.

선생님이 돌아다니면서 말했다.

"모든 물건에 이름을 쓰세요. 색연필 하나하나 다 쓰면 좋아요."

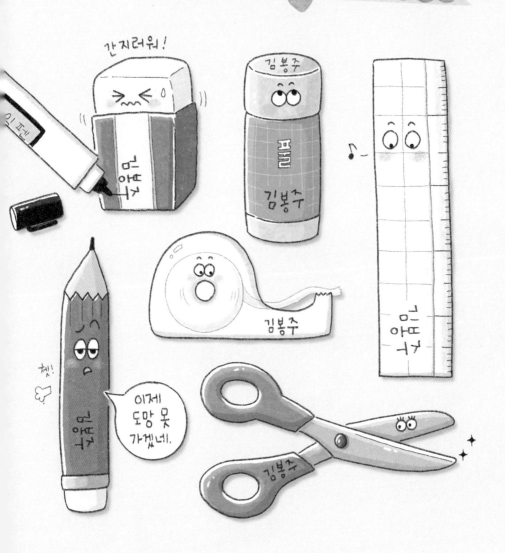

우리는 이름을 쓰기 시작했다. 누가 이름을 더 많이
쓰나 경쟁이 붙었다. 연필, 지우개, 풀, 풀 뚜껑에까지
이름을 썼다. 책상 밑에 머리를 넣고 실내화에도
이름을 썼다. 안 지워지게 네임펜으로 꾹꾹 눌러 썼다.

물건에 이름을 다 쓰고 나니까 뿌듯했다.
오수재한테 자랑하고 싶었다. 그런데 오수재가
사인펜 뚜껑에도 이름 스티커를 하나하나 붙이고
있었다. 저러면 이길 수 없다.

"뚜껑에도 하려고?"

"굴러다니잖아."

그건 오수재 말이 맞다. 굴러가는 물건이 제일 잘 도망 다닌다. 어쩔 수 없이 나도 뚜껑에 이름을 써야 했다. 사인펜이 12개, 뚜껑도 12개. 24번을 언제 다 쓰지? 한숨이 나왔다.

그때 오수재가 크게 외쳤다.

"다 했다! 1등!"

오수재가 벌떡 일어나서 기지개를 켰다. 내 옆으로
오길래 도와주나 했는데 그럴 리 없지. 오수재가
스티커를 흔들었다.

"너 이름 스티커 없어? 나처럼 스티커를 붙이면
쉬운데."

스티커를 자랑하려고 내 옆으로 온 거다. 나는
오수재의 물건들을 찬찬히 보았다. 모든 물건에 이름
스티커가 다다다 붙어 있었다. 사인펜에도, 뚜껑에도
나란히 붙어 있었다.

그런데 휴지가 이상했다.

"오수재, 이름 스티커를 왜 여기에 붙였어?"

"뭐가?"

"한 장만 뜯으면 이름이 없어지잖아."

"에에?"

오수재가 고개를 갸웃거렸다. 휴지를 보고도
몰랐다. 똑똑하다면서, 수재라더니 다 허풍이었다.

나는 휴지 한 장을 뜯었다.

"봐, 이러면 이름이 사라지잖아."

"나도 알아. 빨리 붙이다가 그런 거야."

오수재가 내 눈을 피했다. 나는 이름 스티커를 휴지심에 붙여 줬다. 이러면 휴지를 써도 이름이 남는다.

휴지를 돌려주면서 놀리려고 했는데 오수재가 작게 "고마워." 했다. 그러자 놀릴 마음이 싹 사라졌다.

제목 : 물건에 이름을 쓰자

물건에 이름을 쓰면 잃어버려도 다시 찾을 수 있다.

친구들이 이름을 보고 갖다주기도 하고,

친구와 똑같은 물건을 써도 헷갈리지 않는다.

그래서 모든 물건에 이름을 쓰면 좋다.

4.
금지된 달리기

복도에서……

달리기 시합을 하면 재미있겠지?

복도는 길게 쭉 뻗어 있잖아.

한 번만 거침없이 달려 봤으면!

"나 달리기 잘해."

방두진이 말했다.

"나도 잘해."

내가 말했다.

"내가 더 잘해."

방두진이 계속 우겼다.

옆에서 차민송이 말했다.

"뛰어 봐. 내가 심판해 줄게."

우리는 나란히 복도로 나갔다. 교실에서 뛸 수는 없으니까. 아주 잠시 고민했다.

'선생님이 복도에서 뛰지 말라고 했는데…….'

그래도 뛰어야 했다. 달리기는 내가 최고다. 안 믿으면 직접 보여 줘야 한다.

준비!

　　복도로 나와서 출발선에 섰다. 떨렸다. 아직
복도에서 뛰어 본 적이 없다.

　　길게 쭉 뻗은 복도가 손짓했다.

　　괜찮아, 뛰어, 뛰어!

　　엄청 재밌을 것 같았다. 딱 출발하려고 하는데
오수재가 튀어나왔다.

"뭐 해?"

"달리기."

"달리기이이이? 여기서?"

오수재가 말꼬리를 높였다. 참견 시동을 거는 거다.
무슨 말을 하든 무시하려고 했다. 그런데 오수재가
생각지도 못한 말을 했다.

"봉주야, 너 뼈 부러지는 소리 들어 본 적 있어?"

"어?"

나도 모르게 오수재를 빤히 올려봤다.

"뼈 부러지는 소리 들어 봤냐고."

"아니."

"곧 듣게 될 거야."

오수재가 씨익 웃었다. 느낌이 안 좋았다. 궁금한데 묻기 싫었다. 옆에서 방두진이 대신 물었다.

"그런 건 어디서 들어?"

"뿡주 몸에서. 아득!"

"야! 왜 하필 내 뼈야?"

나는 벌떡 일어났다. 화가 났다.

"복도에서 뛰다가 넘어지면 그렇게 뼈가 잘 부러진대."

"진짜?"

"응. 발목이 아득, 무릎이 아득. 팔꿈치도 아득. 아득아득아득."

오수재가 턱으로 득득득 소리를 냈다.

"가끔 머리도 아득."

처음으로 오수재가 무서워 보였다. 방두진도
오싹했는지 진지하게 물었다.

"왜 복도에서 넘어지면 뼈가 부러져?"

"복도가 좀 단단해야지."

오수재가 꿇어앉았다. 손으로 바닥을 퉁퉁 쳤다.

"이거 봐, 얼마나 단단해. 뼈보다 단단할걸? 원래
덜 단단한 게 더 단단한 거랑 부딪치면 깨지는 거야."

오수재가 씨익 웃었다. 다시 복도를 보았다.

넘어지는 건 안 무섭다. 그런데 다치는 건 좀 무섭다.

뼈가 부러지면 많이 아플 것 같다.

"게다가 복도는 엄청 미끄럽다?"

오수재가 살랑살랑 웃었다.

나랑 방두진은 출발하지 않고 계속 머뭇거렸다.

"아득" 소리가 머릿속에서 맴돌았다. 복도도 같이

출렁거렸다. 나를 삼키려고 혀를 날름거렸다.

"에잇, 나 안 해!"

나는 자리에서 벌떡 일어났다.

"나도 안 해!"

방두진도 일어났다. 다행이다.

"힝, 재미없어."

차민송이 교실로 총총총 들어갔다. 심판이
없으니까 이제 진짜 못 달린다.

"승부는 운동장에서 겨루자."

"그러자."

우리는 어깨동무를 하고 사이좋게 교실로
돌아갔다. 뒤에서 오수재의 목소리가 들렸다.

"아득."

○○○○년 △월 ☆일

제목 : 복도에서 뛰지 말자

복도는 미끄럽고 단단하다.

뛰다가 넘어지면 크게 다칠 수 있다.

자칫 뼈가 부러질 수도 있다. 그래서 선생님이

뛰지 말라고 하는가 보다.

가끔 오수재는 진짜 똑똑한 것 같다.

51

5.
깨끗한 똥

날 부끄러워하지 말라고!

난 학교에서 절대로 똥 안 눌 거다.

친구들이 알면 놀릴 거니까.

그런데 학교에서 똥 마려우면 어떡하지?

하필 공부 시간에 신호가 왔다.

"선생님."

"응."

"화장실 가고 싶어요."

"얼른 다녀와요."

나 혼자 교실 뒤로 걸어갔다. 뒷문을 여는데
친구들이 수군거렸다.

"똥인가?"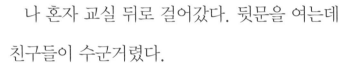

"똥이다, 똥."

부끄러웠다.

"똥 아니거든!"

"봉주 놀리지 마세요."

선생님이 내 편을 들어줬다. 후다닥 밖으로 나왔다.
아까 참지 말고 쉬는 시간에 갈걸 그랬다.

쉬는 시간이 되자 오수재가 물었다.

"봉주야, 솔직히 말해 봐, 아까 똥이었지?"

"아니야."

"맞네, 표정 보니 똥이야, 똥."

차민송이 눈을 동그랗게 뜨며 물었다.

"학교에서 똥이 마려워?"

"똥 아니라니까!"

"난 학교에서는 똥 안 눠."

차민송이 새침하게 말했다.

"나도 학교에서는 참아."

어느새 방두진도 옆에 와서 거들었다. 똥 얘기가
재밌는지 금세 다 모여들었다. 애들이 내 말은 듣지도
않고 자꾸 '똥똥'거렸다. 이러다가 학교에서 똥 쌌다고
소문이 날 것 같다.

"진짜 똥 아니라고."

"봉주야, 왜 똥을 부끄러워해? 똥이 어때서?"

오수재가 물었다.

"그럼 넌 똥이 좋아? 난 똥 싫어. 더럽잖아. 왜
몸에서 똥이 나오고 난리야?"

나는 인상을 잔뜩 쓰며 불평을
늘어놓았다.

똥이
어때서!

그러자 오수재가 안경을 슥 올렸다.

"나도 똥 생각을 좀 해 봤지."

"웩. 똥 생각을 왜 해?"

"매우 중요한 문제야. 우리 모두 똥을 누니까."

오수재가 팔짱을 끼고 고개를 끄덕거렸다. 왠지
다음 말이 기다려졌다.

"오랜 고민 끝에 답을 찾았지."

"뭔데?"

내가 묻자 오수재가 눈을 반짝였다.

"똥이 더럽잖아."

"응."

"몸에서 안 나오면 계속 쌓여. 배에 똥이 가득 차는
거야."

"윽!"

계속 몸속에 쌓아 둘래?

시원하다!

비실 비실 가는 똥

딱딱한 토끼똥

흐물흐물 묽은 똥

건강한 황금 똥

나도 모르게 배를 움켜잡았다.

"똥 공장은 계속 돌아가. 낮이고 밤이고 계속 똥을 만든다고."

옆에서 방두진이 신기한 듯 자기 배를 만졌다. 나도 내 배를 살살 만졌다. 깨끗한 내 몸 안에 똥이 있다니. 지금도 만들고 있다니 놀라웠다.

오수재가 당황한 나를 보며 말했다.

"그러니까 빨리 싸 버려야 깨끗한 거야."

"그런데 학교에서는 좀 힘들잖아."

"많이 힘들지."

방두진이 키득거렸다. 그래도 오수재는 여전히 진지했다.

"똥을 참으면 점점 더 딱딱해져. 그럼 밖으로 잘 안 나온다고. 그게 더 힘든 거 아냐?"

"왜 딱딱해지지?"

방두진이 물었다. 우리가 똥 얘기를 잘 들으니까 오수재는 완전히 신이 났다. 팔까지 흔들면서 열심히 설명했다.

"우리 배 안에 거대한 건조기가 있다고 생각하면 돼. 그래서 똥이 안 나오고 계속 안에 있으면 물이

조금씩 빠져나가. 촉촉하던 똥이 점점 딱딱해진다고. 그러다 방귀를 뀌면…… 아주 고약한 똥 방귀가 나온다. 크크크."

"악! 소리는 숨겨도 냄새는 못 숨기잖아!"

방두진이 배를 잡고 웃었다. 나는 마음껏 웃을 수 없었다. 어제 똥을 안 눠서 교실에서 똥 방귀가 나올까 봐 걱정이 되었다.

내가 말이 없자 오수재가 씨익 웃었다.

"봉주야, 너 아까 똥 맞지?"

"엥, 아닌데."

"아이참, 뿡! 싸도 괜찮다니까."

오수재가 은근슬쩍 약을 올렸다. 이러려고 똥 얘기를 길게 한 거였다. 어휴.

○○○○년 △월 ☆일	☀ ☁ ≡϶ 🌧 ⛄

제목 : 참지 말고 떳떳하게(?)

오줌이랑 똥은 참지 말자.

참으면 몸에 안 좋으니까 빨리 빼 주면 좋다.

오줌이랑 똥을 싸면 몸이 깨끗해진다.

내 몸을 위하는 일이다.

6.
사람 고무줄

우리는 늘 줄을 선다.

줄은 삐뚤빼뚤하기도 하고,

고무줄처럼 주욱 늘어나기도 한다.

급식실에 간다. 교실에서 나간다. 오예.

교실은 답답하다. 그래서 어디든 나가면 좋다.
우리는 단번에 줄을 섰다. 같이 다닐 때는 차례대로
줄을 서야 한다.

모두 줄을 서자 선생님이 말했다.

"앞뒤 친구들 얼굴을 한번 봐요. 내 자리 맞아요?"

앞에 오수재, 뒤에 방두진. 내 자리가 맞았다.

복도로 나갔다. 오른쪽으로 느릿느릿 걸었다. 줄
서서 걸으니까 지루했다.

다 함께 움직일 땐
질서 있게!

혼자 막 뛰어가고 싶었다. 선생님이 "급식실에서
만나요." 하고 따로 가면 좋겠다.

앞에서 졸래졸래 걷던 오수재가 자꾸 뒤를
돌아보았다.

"봉주야, 너 아까 받아쓰기 몇 개 틀렸어?"

많이 틀렸다. 그래서 못 들은 척했다.

"뽀옹주. 내 말 안 들려?"

"뭐? 뽕주?"

그때 선생님이 뒤를 보았다. 나를 보며 "쉿!" 했다.
억울했다. 놀린 건 오수재인데 나만 혼났다.

오수재가 다시 얄밉게 말했다.

"너 많이 틀렸지?"

"아니거든!"

그때 오수재의 몸이 휘청거렸다.

"어, 어!"

발밑에 땅이 없었다. 계단이 시작된 거다. 오수재가
허우적대다가 내 어깨를 잡았다. 그래서 겨우 균형을
잡았다. 나는 씨익 웃었다.

"내가 네 생명의 은인이다."

오수재는 또 발을 헛디딜까 봐 조심조심 계단을
내려갔다. 겁먹은 모습을 보니 한 번 더 강조하고
싶었다.

"은혜 꼭 갚아."

"흥, 잡아 준 것도 아니면서."

"나 아니면 너 계단에서 떨어졌어. '아득' 했을걸?"

"난 안 다쳐."

"무슨 수로?"

"천재니까."

어이가 없었다. 그때 뒤에서 방두진이 말했다.

"빨리 걸어. 우리만 뒤처지잖아."

앞을 보았다. 친구들이 멀리 있었다. 우리만 줄에서
똑 떨어졌다. 아까는 따로 가고 싶었는데 이건 또
별로다.

"들었지? 빨리 가!"

내가 말했다. 그래도 오수재는 느긋했다.

"내 잘못이 아니야. 앞쪽 애들이 너무 빠른 거라고."

"너도 빨리 가면 되잖아."

애들아,
빨리 와!

"원래 뒤쪽은 처지고 막히는 거야. 도로에 차가 막히는 원리와 같다고 볼 수 있지. 뒤쪽은 앞쪽보다 출발이 늦어서 처질 수밖에 없다고."

무슨 말인지 모르겠다. 오수재가 과학을 모르냐며 으스댔다. 어려우니까 재미없었다. 오수재는 유머를 모른다. 그래서 옷을 뒤로 주욱 잡아당겼다.

"그게 아니고, 귀신이 뒤에서 우릴 당겨서 자꾸 처지는 거야."

"세상에 귀신이 어딨어?"

오수재가 나를 한심하게 봤다. 귀신은 증명된 적이 없다며 또 설명을 늘어놓았다. 그런데 방두진은 귀신이 좋았나 보다. 뒤에서 내 옷을 똑같이 잡아당겼다.

"이렇게? 앞으로 못 가게?"

　방두진이 "이히히" 귀신 소리를 냈다. 나도 질세라
"이히" 했다. 그러자 오수재가 귀신 소리는 자기가
제일 잘 낸다며 "히히이" 했다.

　서로 밀쳐 가며 귀신 흉내를 내는데 선생님이
우리를 보았다.

누가
불렀어?

"장난치지 말고 잘 따라오세요."

"네!"

내가 제일 큰 소리로 대답했다. 그런데 오수재가
여전히 눈동자를 굴리며 귀신 흉내를 내고 있었다.
나랑 방두진은 배를 잡고 웃었다.

큰 소리에 선생님이 멈췄다. 친구들도 멈췄다. 모두
우리를 보며 기다렸다.

방두진이 제일 먼저 뛰기 시작했다.

"같이 가!"

나도 뛰었다.

"새치기하지 마!"

오수재도 뛰었다.

"천천히 걸어와요!"

멀리서 선생님의 목소리가 들렸다.

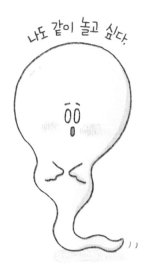

나도 같이 놀고 싶다.

○○○○년 △월 ☆일

제목 : 질서를 지키자

친구들과 줄 서서 갈 때는 잘 따라 가야 한다.

뒤에 있으면 조금만 놀아도 뒤처진다.

내가 늦으면 모두 나를 기다려야 한다.

자꾸 기다리게 하면 안 되겠지?

7.
네모 초록
계란찜

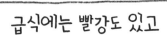

급식에는 빨강도 있고

초록도 있고 하양도 있다.

모두 맛있을까?

밥은 좋은데 급식은 싫다. 급식은 빨개서 싫다.
나는 고춧가루를 안 먹는다. 김치도 안 먹는다.
그런데 김치가 눈치 없이 매일 나온다.

다행히 오늘은 맛있는 날이다. 김치 빼고 다
맛있다. 오예.

식판을 들고 줄을 섰다. 금방 내 차례가 되었다.

"많이 주세요!"

아주머니가 계란찜을 한 개만 줬다.

"더 주세요!"

아주머니가 한 개를 더 줬다. 기뻤다.

내 자리로 가서 열심히 먹었다. 그런데 오수재는

아무것도 안 먹었다. 젓가락만 쭉쭉 빨았다.

"안 먹어?"

"먹고 싶은 게 없어."

"왜? 다 맛있는데."

노릇하게
구워도

돌돌 말아도

보글보글 찜을 해도

그러자 오수재가 나를 빤히 쳐다봤다.

"내 반찬 먹을래?"

"아니."

"아, 누가 좀 먹어 줘."

오수재가 졸랐다. 반찬 투정을 하니까 안 똑똑해
보였다.

"계란은 맛있잖아. 넌 계란도 안 먹어?"

"동그란 계란은 먹어 봤지. 그런데 네모난 건 안 먹어 봤어."

오수재는 원래 이상한 말을 자주 한다. 그런데 여태 들은 말 중 제일 이상했다.

방두진이 고개를 갸웃거렸다.

"둥근 거랑 네모난 거랑 달라?"

"다르지."

오수재는 진지했다.

"네모도 맛있어."

"초록이 있어서 안 돼."

나는 다시 계란을 봤다.

아주 작은 파가 박혀 있었다.

"초록은 작아서 아무 맛도

안 나. 몸에도 좋다고."

나는 엄마처럼 친절하게 설명해 줬다.

"그럼 네가 먹으면 되겠네."

오수재가 웃었다. 나도 내가 먹고 싶었다. 그런데
이번만큼은 오수재에게 네모 계란을 먹이고 싶었다.

"한 번만 먹어 봐. 맛있어."

"싫어."

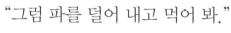

"그럼 파를 덜어 내고 먹어 봐."

"노노."

오수재가 계속 거부했다.

방두진이 답답해하며

끼어들었다.

"내가 계란 동그랗게

만들어 줄까?"

"아니, 한번 네모는 끝까지 네모지."

오수재가 고집을 부렸다.

"하여간 특이해."

방두진은 고개를 절레절레 흔들었다. 반찬을 다 먹고 국물까지 깨끗하게 먹고 떠났다.

나도 다 먹고 자리에서 벌떡 일어섰다.

"가려고?"

오수재가 나를 올려봤다. 급식판 앞에서 쩔쩔매는 모습이 못나 보였다.

"넌 수재라 다 잘하는 줄 알았는데 밥은 못 먹네."

나는 오수재가 그 말을 듣고 화낼 줄 알았다. 그런데 오수재가 활짝 웃었다.

"내가 다 잘한다고?"

앞의 말만 들었다. 자기가 듣고 싶은 것만 들었다.

"나 밥도 잘 먹어."

오수재가 드디어 네모 계란찜을 먹었다. 맛있게 잘도 먹었다. 이렇게 쉽게 먹을 거면서 왜 안 먹었는지 모르겠다.

오수재가 계란찜을 꿀꺽 하더니 말했다.

"똑같은 계란이네."

"거 봐, 내가 계란이라고 했잖아."

오수재는 밥이랑 계란을 금방 다 먹었다. 김치도 뚝딱 먹었다. 그러고는 입을 쓱 닦고 일어났다. 오수재가 내 식판을 보며 물었다.

"너 김치 안 먹어? 혹시 김치 못 먹어?"

오수재의 볼이 실룩거렸다. 놀리려고 시동을 거는 거다.

"앗, 김치가 남아 있었네!"

나는 얼른 김치를 입에 넣었다. 오수재가 내 입을
뚫어지게 보았다. 나는 보란 듯 꼭꼭 씹어 먹었다.
다행히 별로 안 매웠다.

○○○○년 △월 ☆일	☀ ☁ ᗒ ☔ ⛄

제목 : 골고루 먹자

급식에는 다양한 음식이 나온다.

새로운 음식이 생각보다 맛있을 때도 있다.

김치도 생각보다 안 매웠다. 빨간 것도 용기 내서

조금씩 먹어 볼까?

8.
배부른 사물함

학교에는 아주 작은 내 방이 있다.

바로 사물함!

차곡차곡 물건을 넣는데

너무 많이 쌓이면…….

방두진이 사물함을 열었다. 물건이 툭툭 떨어졌다.
그런데 안 줍고 서 있기만 했다.

"뭐 해?"

"선생님이 정리하래."

방두진이 한숨을 쉬었다.

어느새 다가온 오수재가 사물함에 머리를 갖다
댔다.

"여태 정리 안 한 게 신기하네."

"놀리지 마."

방두진이 바닥에 털썩 주저앉았다. 힘들어 보였다.
그래서 나도 옆에 앉았다. 같이 사물함을 캐는데
차민송이 지나가면서 말했다.

"두진아, 너 방 정리 안 하지?"

"어떻게 알았지?"

방두진이 깜짝 놀랐다.

"사물함을 보면 알지."

차민송이 보란 듯 자기 사물함을 열었다. 엄청
깨끗했다.

"넌 물건이 너무 많아. 좀 버려야 해."

차민송이 사물함 문을 닫고 총총총 사라졌다.

"그래, 버릴 걸 찾아봐야겠어."

방두진이 말했다.

우리는 사물함에서 물건을 꺼내 바닥에 늘어놓았다.

버릴 걸 고르는데 오수재가 자꾸 옆에서 참견했다.

"이게 왜 여기에 있어?"

"뭔데?"

"우유."

우유 팩이 빵빵해져 있었다. 냄새를 맡아 보았다.
시큼했다.

나는 방두진한테 물었다.

"우유를 왜 여기에 넣었어?"

"나중에 먹으려고."

"못 먹어. 유통 기한 지났어."

"아이, 아깝다."

방두진이 아쉬워했다. 오수재가 쯧쯧 했다.
도와주지도 않으면서 뒤에서 어슬렁거리며 계속
잔소리를 했다.

"교실 책이 여기에 다 있네. 책은 안 보면서 왜
챙겨?"

"나중에 보려고."

방두진이 심드렁하게 대답했다.

"어휴."

오수재가 한숨을 쉬었다. 바쁜데
방해만 했다.

"너 안 도와줄 거면 가. 하나도
도움이 안 돼."

그러자 오수재가 버럭 했다.

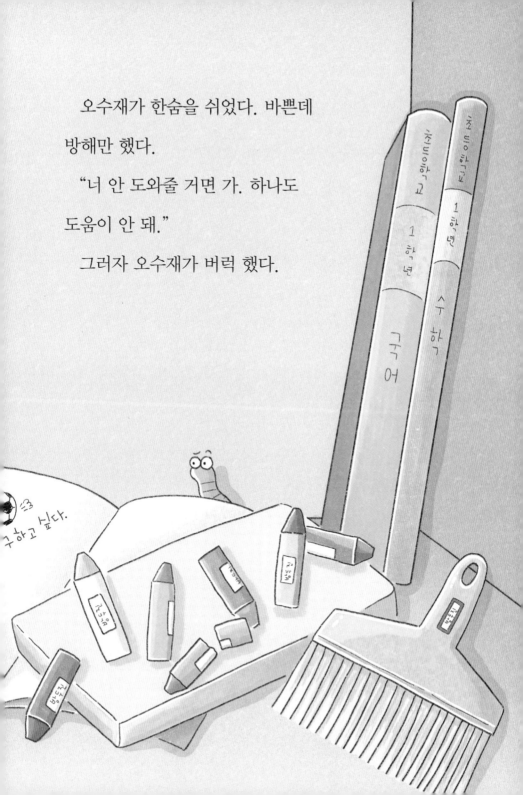

"왜 나만 빼! 나도 같이할 거야!"

"그럼 너도 여기 앉아."

그제야 오수재가 옆에 털썩 앉았다. 이제는 진짜 도와주려나 보다.

오수재는 학습지를 모았다. 그런데 혼자서 계속 중얼거렸다.

"너 수학 공부 좀 해야겠다. 많이 틀렸네?"

"이건 왜 하나도 안 했어? 공부 시간에 놀았지?"

"어휴, 학습지로 비행기를 접었네."

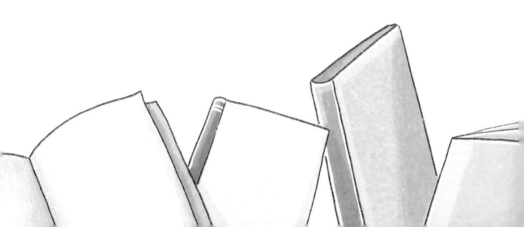

귀가 따가웠다. 그냥 안 도와주고 갔으면 했다.
그때 오수재가 재미있는 걸 발견했다.

"앗, 딱지네?"

오수재가 딱지를 꺼냈다. 딱지 소리에 내 귀가
팔랑거렸다.

“오, 딱지치기 재밌는데.”

나도 두툼한 딱지 하나를 잡았다. 오수재랑 나는 딱지를 치기 시작했다. 방두진이 잘 접어서 딱지가 안 넘어갔다.

“방두진은 딱지를 잘 접네.”

오수재가 휘파람을 불었다.

“네 딱지 진짜 튼튼하다.”

나도 칭찬했다.

“그렇지?”

방두진은 어떻게 하면 딱지가 안 넘어가는지 알려 줬다. 발로 밟으면 납작해져서 안 넘어간단다. 셋이서 열심히 딱지를 밟는데 종이 울렸다.

“벌써 점심시간 끝났어?”

“빨리 정리하자!”

방두진이 쓰레기를 버렸다. 나랑 오수재는 남은
물건을 다시 사물함에 넣었다. 사물함 문이 아까보다
잘 닫혔다.

○○○○년 △월 ☆일	

제목 : 정리를 자주 하자

 기껏 정리했더니!

 딱지는 꼭 필요하다고···

사물함에는 물건이 계속 쌓인다.

그래서 자주 버려야 한다.

나중에 정리한다고 계속 쌓아 두면 사물함이 터진다.

꼭 필요한 것만 놔두자.

봉주의 말

안녕, 난 봉주야. 학교에 오니까 해야 할 일이 너무 많지?

누가 나 대신 해 주면 얼마나 좋을까.

그런데 아무도 안 해 주더라. 스스로 다 해야 한다고.

그래도 너무 걱정하지 마. 내가 학교생활 비법을 좀 알려 줄게.

첫째, 몸을 잘 챙겨. 아무 데나 눕지 말고,

뛰어다니지 마. 넘어지면 아프니까.

둘째, 물건도 잘 챙겨. 준비물은 꼭 챙기고,

모든 물건에 이름을 써.

이 두 가지만 잘해도 학교생활이 좀 편할 거야.

또 뭐 있냐고? 생각나면 말해 줄게. 내가 지금은

놀아야 해서 좀 바빠.

 봉주가.

1학년 완벽 적응 프로젝트❶_생활

꼼지락 1학년, 스스로 할 거야!

2024년 11월 20일 1판 1쇄

글쓴이	김원아
그린이	간장

편집	최일주, 이혜정, 홍연진
디자인	이아진
제작	박흥기
마케팅	양현범, 이장열, 김지원
홍보	조민희
인쇄	코리아피앤피
제책	J&D바인텍

펴낸이	강맑실
펴낸곳	(주)사계절출판사
등록	제406-2003-034호
주소	(우)10881 경기도 파주시 회동길 252
전화	031)955-8588, 8558
전송	마케팅부 031)955-8595, 편집부 031)955-8596

홈페이지	www.sakyejul.net
전자우편	skj@sakyejul.com
페이스북	facebook.com/sakyejulkid
인스타그램	instagram.com/sakyejulkid
블로그	blog.naver.com/skjmail

ⓒ 김원아, 간장 2024

ISBN 979-11-6981-217-7 73370